PANGEA

ExLibric

FRAN ALANZABES

PANGEA

EXLIBRIC

ANTEQUERA 2025

PANGEA
© Fran Alanzabes
Diseño de portada: Dpto. de Diseño Gráfico Exlibric

Iª edición

© ExLibric, 2025.

Editado por: ExLibric
c/ Cueva de Viera, 2, Local 3
Centro Negocios CADI
29200 Antequera (Málaga)
Teléfono: 952 70 60 04
Fax: 952 84 55 03
Correo electrónico: exlibric@exlibric.com
Internet: www.exlibric.com

ISBN: 979-13-87528-92-8
Depósito Legal: MA 172-2025

Impresión: PODiPrint
Impreso en Andalucía – España

Nota de la editorial: ExLibric pertenece a Innovación y Cualificación S. L.

FRAN ALANZABES

PANGEA

PRÓLOGO

Pangea, una visión profunda de lo que nos rodea. Tiene sentido: volver a nuestros orígenes para redescubrir la naturaleza que nos acoge y cobija, para reencontrarnos, para recobrar sentidos, sentimientos, hábitos que creíamos perdidos. Francisco Javier Romero Alanzabes regresa con un nuevo poemario. A diferencia de Astronautas, su anterior obra, donde el autor nos adentra en un viaje por el universo y rompe con los esquemas establecidos, Pangea nos adosa a lo real, lo terrenal, todo lo que respiramos a nuestro alrededor: la inmensidad del mar, la multipolaridad de los bosques o el valor inalterable del sol. Habla, en realidad, entre otras muchas semblanzas, de la profundidad de las relaciones, la vacilación del destino o la dureza de los quebrantos.

Cuando el autor me propuso escribir este prólogo me planteó más que unas breves líneas, pues, además de al artista, tengo la suerte (mía) o la virtud (del destino) de conocer a la persona. Por ello, quizá, la lectura de cada uno de sus libros me acerca un poquito más a su corazón y a su amor incondicional por la literatura. Francisco Javier Romero Alanzabes, filólogo hispánico y profesor de Lengua y Literatura en el IES Mar de Poniente (La Línea de la Concepción, Cádiz), tiene una reconocida trayectoria en el mundo de las letras, siendo Pangea su séptima obra y sexto poemario. La obra del autor, desde sus comienzos, se caracteriza por reflejar en sus libros cada etapa de su vida, desnudándose con emoción desgarradora ante sus lectores. Su agilidad en el verso y capacidad de giros tanto temáticos como estilísticos lo han convertido ya en referente literario entre los jóvenes escritores.

Una obra actual y ajustada a las aspiraciones de un mundo cada vez más vertiginoso, más complejo.

Cuando nos adentramos en la lectura de Pangea sentimos a un autor maduro, que refleja con acertada pluma su visión más cercana de la naturaleza que nos envuelve y la vincula con nuestros sentimientos más cotidianos, ocultos o anhelados. Entre la enorme variedad de poemas encontramos escritos dedicados a la majestuosidad de la naturaleza en todas sus formas o a la minuciosidad de cada olor, de cada brisa, de cada rincón o de cada color que nos rodea y que damos por consabido, por sentado, quizá, sin detenernos en su belleza y en qué nos hace sentir. Merece la pena detenerse a contemplar el mundo desde los ojos y el alma del autor. Nos encontramos ante una obra que nos reconcilia con nuestros orígenes y con la naturaleza, que todo lo conecta, lo une y lo vincula con la vida, porque, en definitiva, de eso se trata. Espero que disfruten de su lectura tanto como yo.

José Teodoro del Pozo
Doctor en Comunicación
por las universidades de Sevilla y Buenos Aires
Profesor y divulgador científico

DÉJÀ VÙ

Precisamente le estaba contando a mi recuerdo
que todavía te quiero.
No es por nada,
pero te llevo un poco de ventaja.
En un futuro,
atónito ante tu fugaz tránsito,
los senderos verdes de encina irán perfilando
huellas limpias,
volverán a nacer amapolas,
los bosques ampliarán su eco
y los helechos preservarán la nueva aurora.

Aparecerán, frente a los castaños de musgo eminente,
los supermercados de ruidos de pájaros
que suenen a destino;
los animales gritarán ansiosos de silencio
y revolcaremos nuestro ropaje
por el monte de eucaliptos mojados
para empaparnos de alma.

La lechuza despertará los ríos con sus alaridos,
la paloma de guardia
dejará mi mensaje en forma de afluente
para que en tu océano los peces salten cuando aparezca;
mañana, justo cuando las hojas empiecen a rugir,
podrías encontrarte el mundo en domingo

y parecer que todo está en orden,
con la misma bombilla en coma
y el reloj sonando a destiempo;
pero, si quieres, reformamos la casa
y liquidamos por derribo el pasado.
Ayer a última hora de la tarde
prescindí del olvido;
ahora ya me refiero a ti
cuando veo el sol
y contaré los años de los robles
que presumen tus iniciales
en sus férreas cortezas mundanas.

VUELO

Hay una nueva ráfaga de vida
cada vez que me miras.
Se trata de eso,
de tener las alas de un cóndor
y la sonrisa de un niño;
de viajar al cuarto a escuchar una canción;
de cenar pronto y dormir contigo;
de tener las alas preparadas
y despegar con lo puesto;
de viajar, reír, abrir el cajón
y ver nuestra primera foto juntos;
de un café, de otro invierno;
de saber que la vida está llena de comas,
guiones, paréntesis y puntos.

FINISTERRE

Hoy he estado en Finisterre.
Parece que el mar quería celebrar mi llegada,
estaba dócil, como nunca.
Y mira que yo pensaba que hoy iba a estar nublado
y las olas romperían nuestros secretos.
Me he encontrado a un perro llamado Café,
y una señora mayor me ha dicho que la juventud
se sigue escondiendo sobre las macetas de las aceras.

He recogido pimientos de un huerto,
he visto el atardecer a diez grados en un banco olvidado.
Tengo la tripa llena de pescado y de helado de arándanos.
He estado a punto de mandarte un mensaje y decirte
que quiero estar contigo todos los días de mi vida.

TRANSFORMACIÓN

Que el invierno sea largo
y nuestro encuentro plácido,
que el amor sirva de baluarte
cubriendo estos cielos cálidos.

Que se remuevan las hojas
y vayan cayendo despacio
sobre estos bosques solitarios
que el destino nos ha traído,
como animales escribiendo
sus particulares diarios,
como románticos extraterrestres
esperando su prefacio.

Que el invierno sea nuestro
y el encuentro templo de besos,
y que las estrellas se conviertan en poesía
y las palabras —mi amor— en rutilantes luceros.

Seísmo

Y, de repente,
llegas con tu sonrisa
y me sacudes.

SIMILARES

Fíjate solo
en todas las mañanas:
iguales que tú.

ESTÁS HECHA DE…

De flores,
de diamantes presentes
en tu particular jardín negro.

Te presento a mi barra
con media cerveza esperando tu sol.

Te futuro todos mis tiempos,
te espero en el árbol verde de tu ausencia,
con las nubes rojas señalando nuestro pasado.

Todas las horas que me quedan
deseo marcarlas en tu reloj.

De girasoles,
de fango seco con las huellas de tu olvido.

EXCESO

Siento la naturaleza en mis sentidos profundos,
como el ave hechizada del atardecer,
en las escarchas de mis ojos,
                  cuevas cargadas de raíces del árbol que toco.
El cielo azul de mis pensamientos
es como el río dorado que emana de la lluvia más inmensa
de un otoño de flores llenas.
Las gaviotas renuncian a los juegos de salón
de la tarde maniatada por el viento.
Nada es para siempre, excepto tu pelo.
                  En las tierras fértiles de la eternidad
voy sembrando mi amor para que vayamos con lo puesto.
                  Nada es para siempre, excepto mi beso.
En las entrañas de la tierra
voy existiendo ante los animales hambrientos de miedo.

A SOLAS

Ya no te echo de menos,
porque tengo besos de más.
Probablemente ya te olvide.
No sé si con una copa de vino
o con una copa de vida.
Ahora, sin ti,
estoy conmigo por primera vez.

YA NO

No te sientas culpable de mi huida
si alguna vez me encuentro con mi esencia.
Podría agotar mi paciencia
y proclamarme hijo de la naturaleza de este árbol
que huye de tu olvido,
pero es que ya no me apetece recordarte
en el mismo café de siempre.

Rojizos

Mi cuerpo se va esparciendo por las piedras
y te juro que no me está doliendo ninguna.
Mi piel está tersa, y mis manos, cálidas;
mis córneas, hechas de la remembranza del boscaje;
dime qué hago ahora si sale el sol;
dímelo tú, que acostumbras a paisajes de verano.

Mi alma se va cayendo pedazo a pedazo
en el suelo encharcado de tu sangre de animal.

Armonía bilateral

En una noche cualquiera de mar y luna,
las luces del cielo anuncian una búsqueda de auroras,
de amapolas y delirios;
las farolas anuncian tu llegada
como una vida en toda su extensión.

Tu armonía pone de relieve mis sentidos,
mis pálpitos, los suburbios, un vino en la mesa
y unos besos para el postre. No sé si quieres primer plato
o segundos de amor.

En el orgullo de una gaviota mueren los peces claros,
en las noches oscuras,
en los jazmines brota tu magia,
tus labios son deseo de mis sueños profundos.
Vente y déjate de meriendas,
porque para la cena te voy a preparar
estas sábanas calientes.

En una noche cualquiera de mar y luna,
las luces de tus ojos anuncian un encuentro de miradas,
de nuestras retinas,
de nuestras miradas llenas de posibilidad.

PLENITUD

Mi alma, llena.
El corazón, sintiendo
correspondencia.

TAN SOLO EN UN MINUTO

En un minuto podemos volar,
                desaparecer,
para luego volver a encontrarnos.
El tiempo se va a parar aquí,
                        en esta puerta que llamas abierta
y que augura un salón lleno de fotos nuestras
ya olvidadas.

Ahora veo montañas llenas de letras,
playas empapadas de tu aroma.
En tu cuerpo hay un Vesubio
                        que prende mi planeta,
unas cenizas que se encienden
cuando tu recuerdo aparece cerca.

Aún nos quedan ciudades poesía,
                andenes lluviosos,
vagones vagando por el mundo.

Tengo vida, vibra, vino en el olvido,
ni en un maremoto de olvido te ausentas.
Tengo una luna llena que a veces se vuelve pequeña,
                        estrellas en el suelo de girasoles,
sueños para ti en los cielos galácticos
que esperan con ansia una señal de tus labios.

PODEMOS

Podemos empezar por tus piernas,
cristales limpios de mar abierto,
sentir en un suspiro que la vida ha llegado.

Podemos proclamar en tus manos
la mejor oración nunca antes conocida,
podemos planear la huida
y terminar en una orilla mirándonos.

Podemos comenzar con un sueño,
con un momento, con un beso.
En la radio están sonando los hits
del próximo verano juntos.

SEAMOS

Descubre otras almas,
otros tactos
y luego vuelve a nacer
como una estrella en mitad de la lluvia.
Que el sol sea la estrella en mis manos
cuando nos toquemos,
que los insectos vuelen celebrando nuestra victoria
en esto que llaman amor,
y los boscajes nos abran paso a un nuevo día.

SIGAMOS

Tropezar con la misma piedra
es señal de un camino sin final,
que tus huellas se quedan en el barro,
que no hay cielos claros
que vayan abriendo tu paso.

Es agarrarte en el borde del precipicio
a una mano enclenque.
A veces es mejor caer y sacar las alas
en busca de nuevos horizontes.

MIREMOS

Nuestras derrotas
son un aprendizaje
en el futuro.

Geometría

Es un torrente de ocasos,
de gaviotas camufladas con hambre.
Hay infancias silenciadas
bajo las macetas,
puertas al aire fresco.

Simetrías de esperanza,
geometría de abundancia:
por un lado, triunfo;
por otro, laberinto
del patio de mi casa.

ESCRIBAMOS

El café está imposible
mientras sigas sin venir.
Las mareas rugen,
la tarde desespera
y las sábanas no quieren secarse las lágrimas.

Hay una luna posible en mi ventana para ti;
solamente tiene que excitarse la noche,
La vida llegar, el cielo brillar
y el tiempo aumentar estas ganas de escribir
                              nuestras mejores páginas.

TÚNELES

Sal por la vía y no aceleres tanto.
Cuando pases por el motel de la carretera
que creíste destino,
justo donde el amor floreció en las terrazas
mientras tú hacías de jardín siendo ceniza,
llégate por recepción y coge las llaves
de la habitación de mi olvido.

Los ferrocarriles ya te han silenciado;
la lluvia —cuando grita— borra los grafitis
de las paredes de las fábricas;
las nubes, como bailarinas migratorias,
te recuerdan que el tiempo cambia a las doce.

Date otra oportunidad, enciende el túnel
y mira bien las señales,
no vaya a ser que descarriles y las montañas
tengan que llorarte manantiales murmurando mi nombre;
viaja en paz y recuerda que dos más dos da infinito.
Coge la primera bifurcación a la derecha,
quiérete mucho al volante roto, mete cuarta
y sal de la rotonda por el ramal para llegar de nuevo
al lugar de donde nunca has salido.

BESEMOS

Quiérete y sonríe mucho,
la vida puede cambiar en un segundo.
Quiéreme loca y perdidamente,
vamos a clavarnos estas ganas
con besos planetarios,
ser eternos.
Me encantan las noches largas contigo
viendo una peli o estrellas juntos.

FUTUREMOS

Te voy a preparar «beso a la mar»
para que podamos navegar por san Juan,
como un velero bergantín descuidado
que va formando surcos de lado a lado
imitando un bello eclipse lunar.

Te voy a preparar un recuerdo,
un momento, un suspiro, un segundo,
un te quiero,
un para siempre…
¡Aquí te espero!
Un diamante en mi alma
y después —sobre las estrellas blancas de esta calle—
nos inmortalizamos como animales salvajes
que buscan refugio bajo un cielo verde de sueños.

Hagamos una cosa:
yo me quedo a la sombra de esta farola taciturna,
pintando las fachadas con mis pupilas en llamas,
imitando en los ventanales cada una de mis escamas,
erizando esta piel moribunda
que renace como fruto fértil de una rama.

Y en la letanía de esta senda empedrada
te futuro en todos los tiempos,
te jalo con las redes del deseo,

cumpliendo primaveras con el alma abierta,
y —mientras tanto— las flores y la mañana
y las azoteas y los balcones y las plantas errabundas
van abriéndome gustosamente sus puertas.

Te voy a preparar el corazón
para que podamos soñar por san Juan,
y a la noche, con los peces danzando de júbilo,
nos casamos en esta playa que preserva nuestro sino.

NOSTALGIA

He creado un universo lleno de estrellas
que brillan con tu recuerdo.
Mil maneras de llegar a ti
y ninguna me viene bien los domingos.

Si me dices cómo va a estar la luna hoy,
rompo mis planes de bailar bajo la lluvia
y le disparo a la noche una bala de amor.

Dímelo pronto,
porque te estoy echando de menos.

Un enero en mi pecho

No esperes grietas sangrantes de amor.
No desarmes esta guerra de lenguas
ni proclames una paz que antes no sirvió.

Mientras la tierra
se para a la hora de marcharnos,
los setos de estos jardines de mi infancia
me llevan a una vida de colores mestizos
en los brazos de la media mañana,
con el áurea blanquecina envolviendo
un enero en mi pecho.

El sol, que llega sigilosamente en tu ausencia,
se esconde justo en el minuto cero de nuestra partida.

EL TIEMPO CONTIGO

De todas las maneras posibles
te proclamo de madrugada;
un crepúsculo se acerca mientras los pinos se agitan.

Me gusta lo silvestre,
todo lo que huele a peligro,
no hay mayor adrenalina que imaginarte.

No hay vida en los lagos muertos;
sobre el cañaveral seco de hierbas vírgenes
le voy a poner un velo negro a mi reloj.

SABORES

La gota de la lluvia nocturna
rompe a golpes mi silencio.
A veces parecías real,
pero no estabas preparada
para soñar tanto como yo lo hice.

Por eso, algún día le rezarás al amor
una oportunidad como la que mis ojos te regalaron,
la fuerza de mis labios proclamándote única,
el ansia de un futuro que hiciste juguete.

Te supe a nada mientras yo te pedía noches de luna,
te supe a dudas mientras yo te sentía cielo de otoño.

He ido deshojando el llanto
con lágrimas de cristal caídas del árbol seco,
ese que sacudías con tus guantes de acero.
Y hoy, en este momento de tarde tranquila,
me siento junto al olvido
a despedirte con este último verso.

FUSIÓN

Esa química
de abrazarte fuerte
y sentir juntos.

Esencia del bosque

Sé que el otoño te hace más hermosa
cuando sonríes imitando a la rosa
que va floreciendo en la mañana.
Pero no te creas que todo es jardín
en este cielo de tormentas secas,
no pienses que sin ti todo es paraíso.

Por eso, sabes que en invierno
haces de lluvia sobre el asfalto,
remolino de polvo por las aceras,
tus labios hechos de vida,
y yo, mientras tanto, recogiendo la calle
para llenarme de tu agua y tu tierra,
mirándote por si das la vuelta y me besas.

Y cuando viene el alba acelerando tus pálpitos,
te proclamas fuerza nutriente,
como corteza de árbol silvestre.
Por eso, somos esencia del bosque,
respirando al compás de plantas e insectos,
anunciando silenciosamente la noche,
un campo denso lleno de ramajes verdes
para nuestros pies calientes.

Tus luces

Cualquier día
te vas a llamar como mi alma quiera,
cubierta por hojas verdes
y repleta de luna llena,
con tus pupilas de luz radiante
—sol que alumbra—
y con tus labios pidiendo guerra.

La muerte precaria del día

He visto casas destruidas por el paso del tiempo,
abandonadas a la suerte de esta montaña olvidada.
Hay un desfile de tortugas huyendo de la tormenta,
un viento que entra sin llamar por el boscaje de los senderos.

Se van aplacando las ramas como alfombras milenarias
cuando naufrago en tu búsqueda oliendo a humedad.
Me empapo de cielo furioso
y mis manos, leyendo la historia de esta hoja
que procura cuidarme de la muerte precaria del día,
justo cuando encienden las luces los jaguares.

HIJO DE LA NATURALEZA

Yo soy hijo de la naturaleza,
como el eco de los suburbios oscuros de estas vetas.
No hay tiempo para las mañanas,
porque el sol esconde las horas;
pero subyacen las hierbas finas consumiendo la tarde
y nace en el horizonte un nuevo lienzo de colores
que dibuja la noche.

Yo soy un complemento de la aurora.
Así visualizo el transcurso desgranado del cielo,
mientras se van derritiendo las plantas del pasado.
Todo es nuevo en mis ojos valientes
y el viento está de cara en las trincheras de la baja colina.

En la nieve también lloran las estrellas,
he dejado un hueco de domingo en las entrañas de mi roca.
Las estaciones se detienen con arcoíris de plata,
no se apaga ni una mirada de la muerte,
mientras veo, firmemente, las cimas de las colinas.

Cada vez que me vuelvo nómada,
en cada instante, voy besando las huellas
por si en otra ocasión es diciembre
y sigo con la caldera del alma iluminada.
Será que el tiempo desentraña mis raíces.
Tampoco será para tanto
cruzar los icebergs puntiagudos de enero.

Guardo las rosas en mi cama, las velas bajo mis pies,
las fotos de los toboganes y parques debajo del olvido.
En la memoria, las ventanas llenas de carbón,
las mesitas de noche vestidas de mañana,
el planchero fuera, con las camisas secándose las lágrimas.

Para cuando venga a verme la tormenta,
habré puesto las cortinas de seda,
el telefonillo roto estará descolgado
y el cuadro de la luz deseando apagar esta sed de musgo
y, silenciosamente, le abriré las puertas a los charcos,
a los animales muertos de miedo,
al color mariposa, a las águilas raquíticas,
a los buitres enemigos y a los búhos de barra de árbol.

Mi historia comienza en la cascada cruzada,
justo donde voy a entregar mis manos a las rocas húmedas
para proclamarme adoptivo de la biosfera.
Mi hábitat es la música de los helechos,
y los anfibios bendiciendo mis rodillas,
y la corriente límpida y las pizarras tristes de lunes.
Exploro cada palmo de precipicio sin cuerda,
arreglando los senderos que me llevan al infinito
y así, como peregrino del zodiaco,
me encomiendan los troncos besarlos a mi paso.
Todo cuanto toco cuida mis sentidos,
nada sucederá cuando mi respiración se pare,
porque soy guerrero del tiempo
que va naciendo en cada senda,
acogido como amazona y herido en el recuerdo.

COMO SI TODO

¿Y si nos tomamos un té
y nos olvidamos del ruido,
y nos miramos cara a cara
provocando un suspiro?

¿Y si pasa el tren por nosotros
y nos abrazamos en el andén,
y le ganamos el pulso al tiempo
una y otra y otra vez?

¿Y si hacemos como si nada
y empezamos con todo,
y vivimos pensando en hoy…?

Y si olvidamos
y regresamos al amor,
los trigos bailarán a la aurora.
Apuesto por el verde,
apuesto por verte.

BASTA POCO

En pocos versos
caben todos los besos
que quiero tuyos.

DULCES MELODÍAS

El mar cantando
que tú y yo tenemos
besos pendientes.

TEMPLO

El corazón
en llamas, proclamándote
única, diosa.

SEGUNDOS

Tengo segundos
para ti, mil momentos.
¡Eres tan bella…!

YO QUIERO VIVIR AQUÍ

Yo quiero morir aquí,
donde ya lo hicieron los que me vieron presente.
Yo quiero morir aquí,
donde lloré a tu lado en días verdes y en noches rosas.
Quiero escuchar la melodía de las rocas de hierro,
el ruido del tráfico desde el salón,
la voz que un día me dijo «vente»,
sentir el timbre, el microondas,
notar el pasto crecer,
sentarme en el banco de abajo
y cerrar los ojos hasta las cinco.

Yo quiero vivir aquí,
donde ya lo hicieron los trabajadores de las fábricas,
los peces de los arroyos,
la vida antes de mi llegada.
Contigo todo tiene un sentido,
sin ti las auroras desfallecen en su intento de mostrarse.

Eres el refugio de mi sur, de mis plazas,
de las farolas de las avenidas que me vieron crecer,
de mis tormentas y de mis bodas con el mar.
Cógeme de la mano para ver edificios llorosos,
tocando nuestro cielo mientras sonrío al verte espléndida.

Eres tan bonita como te sueño,
en la parte norte del alma,
en la ventana del recuerdo perenne.
Ven y que nos abrace el invierno juntos,
agarrando olas de alquiler.
Yo quiero morir aquí,
donde ya lo hicieron los que me vieron presente.
Yo quiero morir aquí,
donde lloré tu ausencia y celebrar tu llegada
con un sol brillante y una luna de sirenas.

PANTERAS

53

A lo bestia,
despacio, suave o con los labios pintados.
Es que me da igual cómo me beses.
Que si p'acá, que si p'allá,
un cuento chino o, tal vez, un sueño americano.

Este poema —por no llamarlo deseo—
va a ser largo, te aviso.
Y, si quieres, te cuento cómo va el día desde este rincón:
veo tu nombre a lo lejos, escrito en grande
y con pintura roja chorreando la pared.
También hace frío, pero pienso en ti y se me quita.

El fuego es lo que pasa en mi recuerdo:
que si esto, que si lo otro…
Yo ya no sé caminar sobre el olvido.
Ni puto caso a eso de pasar el uno del otro.
Te lo voy a decir por las buenas,
por el monte y al lado de la chimenea
para que vayas calentando el corazón
y vayas enfriando tu distancia.
Es que te digo que, de verdad,
esto es un manifiesto para verte.
He sobrevivido sin conocerte y sin saber que existías,
y ahora quiero irme contigo a una isla desierta
o a la cocina y viajar por la encimera cargados de amor.

¿Sabes una cosa?
No te lo he dicho antes —te lo hubiera dicho siempre—,
pero… me encanta imaginarme contigo en la playa.
Quiero escribir para que leas mi éxtasis, mi delirio.
No tienes nada que perder y yo tengo mucho que ganar.
Por favor, usa el extintor para apagar estas palabras,
porque, si no lo haces, las estrofas van a quemar,
las letras arderán.

Quiero tender las cicatrices y dejarlas escurrir,
y que vengas conmigo a ver el atardecer.

Retroceso

Quiero volver,
quiero volver hacia el sol,
tengo mucha luz.

EL PAISAJE EN CUALQUIER ORILLA

La primavera se ilumina
cuando tus ojos alumbran
como luceros de guardia.
La luna de noche sobre el agua
y tú de día en cada verso
y yo de tarde ante el ocaso,
a ver quién le pone remedio a todo esto.

El deseo como olas del mar
y los animales —galopando de hambre—
gritando tus iniciales, con la vista puesta
en esta alfombra roja llena de gaviotas.

No te lo he dicho todavía

Esta tensión
de mirarte, vente ya,
tengo abrazos.

Te has convertido en todo aquello que soñé un día

El tiempo se para en tu mirada.
La poesía no es más que una parte de tus alas,
te escriben las plumas más sabias,
eres lo que siempre fuiste en silencio.

Te aplauden las hojas del bosque,
llueve en tu pelo, alfombra para los cielos azules.

El tiempo pasa y tu mirada destella
como ráfaga lenta en mis retinas,
te proclamo de madrugada y la mañana muere de envidia.

Todo lo que sonríes
aparece en el abismo precioso de mirarte.
Cógeme como luna llena
y móntame en tu ala
para ser cóndor de tu planeta llamado Belleza.

SUMANDO LUNAS

Todas aquellas letras que la música nos ha robado,
todas las partituras exactas que la poesía se ha llevado,
desvestidos los tejidos de este sino sin control
cuando, en un instante, una rima consonante
se funde con una voz.

Una palabra en la guitarra,
una nota en el cuaderno
y una vida de colores para componer en los inviernos,
donde melodía y estrofas juegan en el patio de una orilla,
con el mar en calma,
encendiéndose la estrella escondida,
esa que une en la noche un acorde y una metáfora,
cumpliendo lunas la música
en sus madrugadas más largas.

Los secretos del mar

Cuando suenen las campanas de mi boda con tus flores,
cuando escuchen la guitarra los flamencos de mi calle,
volarán los quejíos de los puros corazones
y saldremos a cantar un poema y dos canciones.
Que brillen las estrellas que enciendes con tu cante
y me susurres al oído que vayamos por partes,
o a cualquier parte para estar juntos toda la vida,
con el embrujo de la luna llena en La Higuerita,
con la elegancia de una ola recreando las salinas.
Decora todas las melodías de tu alma
al compás 1, 2, 3 de los fandangos
y allí, en La Caleta,
propongo que nos besemos por tangos.
Que la muerte nos pille bailando por bulerías
y nos quitemos las penas al compás de unas alegrías,
surcando los mares del tiempo,
por tientos,
que el acorde sea lento mientras las cuerdas
vayan erizándonos poco a poco el sentimiento.
No te vayas, no te vayas ahora
que la noche viene por soleás,
que la luna recite flamenco,
que se escuchen los secretos del mar.

No hace falta que te diga nada más

Háblame,
deja que el silencio
catapulte mis ganas de ti.
Susúrrale a mis miedos
que merece la pena verte.
Háblame y dime
que es posible el matrimonio
entre tu lengua y la mía.
Políglotas, tórridos, maniáticos,
música plácida en este cuarto.
Háblame, bésame y súbeme
al campo gravitatorio de tu cuerpo.
Solo, vuelos, con lodos de amor.
Háblame para soñar y quiéreme para ti.

La lista de las flores

La vida va pasando y los silencios se olvidan.
Ser el amor de alguien, la luz de alguien,
la estrella brillante…
Y el tiempo, como inútil heredero de promesas,
va poniendo a las flores por orden de lista:
primero, las que lucen; segundo, las de espinas.
La vida va encendiendo las almas valientes,
las que huelen a besos,
las que intuyen y deciden,
a las almas que un día soñaron,
sueñan.

CAMINO

He sentido tanta paz, tanta soledad…
Mis retinas se han fundido con el tiempo,
que me iba mostrando el bosque.
He visto a gatos mirándome al pasar,
muertos de pena,
sin saber que soy yo el que tiene siete vidas.
He visto un rayo incendiar mi camino,
lluvia caer en los arroyos cubiertos de sapos mudos.
He visto al sol quemar mi piel
y a las moscas danzar sobre la pista de ortigas.
He visto la vida pasar, la noche llegar
y los manantiales brotar.
Y, en la niebla, junto a las vacas del norte,
me he ido haciendo hijo adoptivo
de la madre naturaleza.

A LA SOMBRE DEL CIPRÉS

Debajo de un árbol verde,
sin apenas contar los pájaros que me rodean,
siento tu calma en mi ruido,
tus labios inquietos en mis deseos de abrazos
y el atardecer que sigue sin llegar.
Todo fluye contigo debajo de la sombra
del tímido ciprés que nos esperaba.
Todo fluye contigo sencillo,
como gaviotas hambrientas en una playa desierta,
rodeada de paz en sus esferas.
Y tu mirada, el brillo del matrimonio
de mis manos en tu cintura.

Un sueño pasajero

Tal vez fue la magia de la noche
o de la calle iluminada en la que te vi.
Me atreví a llamarte «amor»
y ni tan siquiera me habías visto.
Imaginé un hogar contigo,
un perro, un jardín y un puñado de amaneceres.

El semáforo, en verde,
                        el cielo, azul
y tú y yo, en el mismo planeta.

Te giraste hacia la avenida del olvido,
con sus aceras amplias y sus metros llenos de ceros.

Quise ser río y llegar a tu océano,
esperarte en el último paso de cebra
y cogerte de la mano para siempre.

Fuiste, sin saberlo,
los mejores minutos de mi futuro.

Un planchero que chirría tu ausencia

Le hemos pegado un bocado a este otoño inquieto.
Un puñado de kilómetros imaginándome
un atardecer contigo.

Preparo la nave y merendamos:
tú, el café y los sueños,
y después del ocaso ya veremos.
En mi salón suena Second, reclamando tu llegada.

Si quieres, curamos este cielo a base de besos,
cosemos las nubes con un abrazo
y despegamos hacia cualquier océano
jalándonos, gritando.

En mi cuarto hay una luz que encender,
un planchero que chirría tu ausencia,
una ventana abierta llena de rayos de luna.
Ah, y hazme sitio en el salón,
porque vengo con ganas de divisar esta galaxia.

Sobre la maciza piedra que presume tu biografía

No hay nada mejor que un día de lluvia:
los árboles lloran,
los ríos cantan,
se puede tocar la tierra húmeda.

Te jalo de noche y te espero de día.
Las hojas danzan cuando el mar
pone su viento favorito.
La arena —como adolescente meteorito—
va cubriendo nuestros cuerpos;
en una roca besada por las olas
estoy grabando tus iniciales.

DESNUDO

Como ásperos asfaltos abandonados,
como cristaleras tintadas por las lágrimas de una tormenta.
Nostalgia la vida,
muerte esperada,
el ruido de un cuerpo al desvestir su alma:
libre, eterna y blanca.

Sigo vivo

Retoño de la noche, vástago del deseo,
con un riego de bajas colinas
en las que estoy dispuesto a incendiar el pasto.
El ancho campo de tu recuerdo,
el verde inútil de las sombras,
los girasoles en este cuadro yermo,
te miro a destiempo como salvaje
con alas de un pájaro herido,
alimañas de pose candente,
hijos del sol en los apacibles flujos de tu pelo.
Y los topos y los lagartos, y los cuervos y las águilas,
y las entrañas de la tierra y tus lindas maneras
de saber mirarme
—el tránsito de tu cautiverio a mi alarido—
me van guiando, pausadamente,
a la herida abierta de la tarde.

COMO UNA ESTRELLA FUGAZ

La noche serena nos pasó de puntillas
en aquella barra,
apenas si nos dimos cuenta.

Tú no estabas para dramas
                    ni yo estaba para Guernicas,
aunque podíamos haber escrito
con las miradas
la mejor historia de amor
                    de nuestras vidas.

BRUMA

Tarde o noche
sobre el prado
y se difuminan los resquicios
por tu presencia luminiscente.

Las raíces aterrizan
en las zarpas
adolescentes,
en las agujas podridas
de tu tiempo
que has pisado
por última vez.

Ni sientes ni padeces,
una fusión de vida y muerte,
solitaria, implacable, como luces inertes.

FUEGO

Ya no te acercas,
porque sabes que te vas a quemar.
Posiblemente haya todavía ceniza.

El volcán entró en erupción a las diez y cuarto.
                    No había nada preparado,
no hubo nada que hacer.

Te extraño desde la otra parte del mundo.
Con lo fácil que sería seguir el sendero de lava

            hasta llegar a este infierno que te he preparado.

Te he dejado una nota en el frigorífico:
        «Dejo el cráter abierto».

CALAMIDAD NATURAL

El huracán ya está aquí.
No nos va a dejar secuelas, lo estoy presagiando.
Seguro que, cuando pase la tormenta,
todo estará igual de bien como hasta ahora,
te lo estoy diciendo.
Porque contigo —mi vida—
los dóciles fenómenos naturales
se quedan siempre en nada.

DESFASE ORIGINARIO

Si me preguntan,
diré que la ciudad está herida sin ti,
que las calles son brechas abiertas desangrándose
y que la tarde ha caído alejándose
de todas las auroras y horas de maniquí.

Las avenidas huelen a recuerdo,
las ropas lloran en los tendederos endebles,
mientras el sol va decorando los jardines verdes
que danzan al unísono con la llegada del viento.

Si me preguntan,
diré que las playas izarán banderas blancas
sin entender de enemigos;
que las olas versarán poesía nocturna
regalándonos sus fastuosos vestigios;
que las lágrimas de las sábanas colgadas
llenarán los charcos, los afluentes y los ríos.
Si me preguntan,
si me preguntan por ti,
diré que la ciudad sabe a lluvia contigo.

Inclinación

Las estrellas son la poesía escondida.
Miro la luna y, con sus destellos,
me va dibujando tu nombre.
Te quiero como la tierra al agua,
como los jardines al sol,
como los jabalíes encharcándose en los montes.

Ya lo sabe el viento,
que correteaba sigiloso por las calles dejando el silencio.

Y el mar, suntuoso escándalo nocturno,
porque no le hace falta botellas náufragas
para saber mi mensaje.

Te quiero como punto de partida,
como crecen las plantas erguidas luciendo naturaleza,
como aquellas montañas que desean la nieve
para calmar a las tierras inquietas,
cubriendo su esencia de belleza.

Quiero decirte que te quiero,
que mis cataratas de amor siguen su curso,
límpido y transparente,
hacia las aguas puras que bañan tu recuerdo.
Por eso te quiero,
porque las caídas de las hojas

empezaron con las ramas gimiendo,
recreando nuestros pétalos,
imitando nuestros bailes con sus vuelos hacia el suelo.

Seducción

Qué pesadumbre este mayo
imperfecto en tus labios.
Custodia la ocasión para el día
en que nos veamos en llamas,
sedientos de pasión.
Eres tan bella que los colores se divorcian,
los planetas se alinean
como obedientes reclutas de tu esencia,
los boscajes aparecen recamados de erotismo.

Repones a todos los ociosos edenes,
clareas los días retintos,
envuelves los secretos perdidos
que deambulan de noche
por las calles que llegan a ti.

Eres soliloquio de amor,
un laberinto tu pelo,
codiciado tesoro para las ninfas;
un abuso tu piel, soberana lisura
solo para adictos a tus misterios.

Ábreme paso entre la nieve de tu boca,
déjame obsequiar a la poesía con tus partituras,
porque con esos ojos tímidos y esotéricos
ya no me hace falta mirar la luna.

ECUACIÓN PERFECTA

Vamos a ir sumando versos juntos
para restar todos nuestros miedos.
Dividir el mundo en dos
y explorar todas las selvas salvajes de ahí fuera,
como tercas panteras
abriendo el telón sobre el asfalto,
como grillos conmovidos
aplaudiendo nuestra función de amor.

Veamos la locura hacerse mayor
y saciémonos en la comisura
como tigres indómitos en mitad del oasis.

Adhiere tu cuerpo místico a este océano de secretos,
y fundamos los labios y larguémonos lejos,
como elefantes cabalgando
en busca de la prosperidad de un primer beso.

Epílogo

Ya no hay marcha atrás. Usted está perdido. Quien termina de leer Pangea va a llegar a una estación desconocida. Bajará de un tren en el que Fran Alanzabes le ha llevado de la mano por sus pasiones, sus miedos, su melancolía. Le ha dejado ver su norte y su sur. Y ahora es cuando le toca al lector coger la maleta, respirar hondo y comenzar a andar por un vestíbulo vacío. Asimilar. Recorrer el mismo camino que el autor, averiguando qué hay tras los arañazos que le han creado sus palabras. Ponerse en su lugar. Descubrirse. Si se atreve. No es fácil.

Al otro lado, encontrará sensaciones con las que no contaba, porque Pangea termina siendo un crisol de las diferentes caras de un alma que quiere vivirlo todo. La de un autor que te retuerce las entrañas en poemas como «La muerte precaria del día». Te llena los labios de miel en «Nostalgia». Alanzabes juega a poner al lector frente al espejo y a quitárselo para mostrarle esos matices de sí mismo que duermen bajo llave, y que solo permitirán vivir cuando rompan el cristal y lo inunden todo. Como ocurrió con Pangea.

Fue un supercontinente que unía a los cinco actuales hace 350 millones de años y que se creó con el movimiento de placas tectónicas. Tierra creando vida. Barro quebrado por emociones que brotan a suerte o verdad desde el interior. Por eso, Pangea es un grito de vida modelada por la experiencia. Por amor y desamor. Líneas cinceladas con «besos de más», «cenizas que se encienden», «mareas que rugen» y «canciones llenas de amapolas». Metáforas que brotan de heridas cerradas y horizontes abiertos. De noches sin dormir. Y de viento de levante.

Pangea es una obra para leer más de una vez. En la primera
te sorprende. En la segunda llega la profundidad. Y es ahí cuando
Fran te mira desde lejos, sonríe, se gira y te deja empapado en
el sudor de tus reflexiones. Agarrado a tu maleta. Y se va con las
manos en los bolsillos a pasear junto al mar. Ese que lleva dentro.

Sylvia Herrero
Escritora y periodista

Índice